LE

CODICILE D'OR.

Ils passent sur la terre
en faisant le bien !

LE
CODICILE D'OR

ILLUSTRÉ DES PORTRAITS

DE L'EMPEREUR

DE L'IMPÉRATRICE ET DU PRINCE IMPÉRIAL

EXTRAIT DES AUTEURS SACRÉS

DÉDIÉ A L'ENFANCE

PARIS

TYPOGRAPHIE D'ÉMILE ALLARD
RUE D'ENGHIEN, 14.
1857

SOUS LE PATRONAGE

DE LA BARONNE

DE LAVENANT

NÉE VIEYRA.

INTRODUCTION.

« Le plus riche trésor serait une collection de
» bonnes et belles pensées humaines. »

« J'ai lu ce petit livre, écrivait naguère un homme
» éminent à un habile magistrat ; il ne contient que
» d'excellents préceptes propres à faire pénétrer dans le
» cœur des enfants l'amour du bien et le dévoûment à
» la famille impériale. Il sera très bien placé entre les
» mains des enfants des écoles. »

L'auteur n'ambitionnait pas un autre éloge.

Un bon livre, a dit Napoléon Ier, est « celui dans le-
» quel il n'y a rien à ajouter ni rien à retrancher. »
Un bon livre est celui qui enseigne les principes so-
ciaux, moraux et religieux qui font la sécurité des
Etats et le bonheur des peuples.

Ce livre manquait à l'enseignement.

L'auteur a voulu combler cette lacune, source incon-
nue de beaucoup de maux.

Il a divisé son travail en deux parties :

La première comprend les portraits littéraires de nos souverains ;

La deuxième est divisée en dix chapitres :

Le premier a trait à la conscience : qu'il importe de former de bonne heure dans l'enfant ;

Le deuxième, à l'esprit et au jugement ;

Le troisième, au cœur et à ses passions, qu'il faut tourner vers une fin honnête et louable ;

Le quatrième renferme les règles du langage, cette manifestation de la pensée humaine ;

Le cinquième engage l'enfant à embrasser la carrière pour laquelle il est né ;

Le sixième, le septième et le huitième règlent les rapports de la vie avec ses égaux et ses inférieurs ;

Le neuvième est une récapitulation des huit premiers ;

Enfin le dixième lui suggère ces principes :

« Marchez sous la bannière à laquelle se rallient tous
» les cœurs honnêtes et sensibles. Vous ne serez jamais
» ni grand ni honnête homme, qu'autant que vous serez
» fidèle à Dieu et à l'Empereur. »

Voilà l'ouvrage.

Un mot sur sa forme :

Les enfants sont comme les malades ; il faut ne leur donner le pain de la vérité que par petits morceaux. La morale et le bon sens ont plus d'énergie par pensées détachées. L'auteur a donc choisi des maximes, parce que les maximes sont comme des signaux qui indiquent la route dans la carrière de la vie, et des clous d'airain qui s'enfoncent dans l'âme, qu'on ne peut plus en arracher.

Donc, qui que vous soyez, jeune enfant qui voulez apprendre la sagesse, homme mûr qui l'enseignez, prenez ce petit livre, lisez, réfléchissez, Dieu fera le reste.

PREMIÈRE PARTIE.

—

EXHORTATION.

> « Nous naissons trop tard pour apercevoir le
> » principe des choses politiques; nous mourons
> » trop tôt pour en découvrir la fin ; l'histoire
> » remédie à ces deux inconvénients.
> » L'éducation fait l'homme ce qu'il est.
> » La bonne éducation de la jeunesse est le
> » garant le plus sûr du bonheur d'un État.
> » La réformation de tous les États consiste
> » principalement dans une bonne éducation
> » morale. »

Enfant,

Dieu veut que vous soyez un homme en qui tout conspire à aimer le devoir et la vertu.

Pour vous aider à parvenir à ce haut point de sagesse, j'ai fait un petit choix de maximes morales qui vous offriront des règles sûres pour la conduite de votre esprit et de votre cœur.

C'est un abrégé de philosophie pratique, puisé aux sources les plus pures et les plus abondantes en instructions sublimes.

J'ai cru devoir joindre à ces quelques conseils les portraits de l'Empereur, de l'Impératrice et du Prince impérial, qui sont l'image de Dieu sur la terre.

Voyez, cher enfant, la politique sublime de cette souveraineté puissante.

Elle passe sur la terre en faisant le bien!

Parmi nos jours d'ici-bas, les uns sont des jours de travail, les autres des jours de crainte, de danger, de malheurs et de désespoir.

Eh bien! cher enfant, élevez votre cœur vers ce trône d'où coule une source inépuisable de bienfaits. Les secours que vous pouvez en attendre sont aussi nombreux que les moments que vous avez à vivre.

Entendez cette mère auguste qui, à l'exemple de Jésus-Christ, nous dit : Laissez venir à moi les petits enfants, ils sont les bien-aimés de mon cœur; en eux j'ai mis mes complaisances.

Que de soins, que de sollicitude, que de charité,

que d'amour, que de sacrifices, que de trésors répandus en fondations pieuses (1)!

Enfant, comme son propre fils, vous êtes l'objet de sa prédilection. Rendez-lui donc amour pour amour, et puis, cher enfant, vous qui priez, priez pour elle.

Priez aussi pour l'Empereur.

L'Empereur, cher enfant, ne vous oubliera pas si vous vous distinguez par votre vertu, votre talent et votre honneur. Il recherche beaucoup les hommes de mérite, et, pour les découvrir, il a des lumières pareilles à celles de Dieu. Du haut de son trône, il voit tout ce qui se passe dans son empire; ses yeux pénètrent jusqu'à l'endroit le plus obscur et le plus reculé.

---

(1) On sait que l'Impératrice est protectrice des sociétés de charité maternelle de France, qu'elle a consacré le montant de la souscription nationale ouverte à l'occasion de la naissance du Prince impérial en faveur d'une œuvre éminemment pieuse, et que l'Empereur y a ajouté une forte subvention prise sur sa cassette.

On pourrait ajouter à ces citations des preuves quotidiennes de la protection constante de Leurs Majestés pour tout ce qui se rattache au bien-être du monde souffrant.

Pas de crèche, d'asile, d'ouvroir, de pension, d'école, d'atelier, de prytanée, de caisse de secours , que n'alimente, d'une manière presque miraculeuse, leur ineffable générosité.

Quel honneur pour vous, cher enfant, quelle fortune pour votre famille, s'il venait bientôt vous dire : Venez, jeune homme, votre mérite vous fera trouver un rang distingué parmi les grands de mon Empire. Espérez cet honneur insigne, mais pour cela, cher enfant, soyez sage et laborieux, et puis, priez pour l'Empereur !

Priez aussi pour le Prince impérial.

Le Prince impérial est maintenant votre frère et votre ami. Il sera, peut-être bientôt, votre compagnon d'armes, et, plus tard, votre souverain. La Providence a sur lui de grands desseins. Elle l'a fait naître, comme le Messie, pour remplir l'attente de sa nation, qui a mis en lui l'espoir de sa régénération sociale et de son bonheur.

Le vicaire de Jésus-Christ, instruit de sa naissance, l'a béni, au sortir du sein de sa mère. C'est l'envoyé du ciel ; il vient, au nom du Seigneur, consolider le monde. Enfant, vous serez son bien-aimé, si vous êtes un homme d'honneur et de mérite, et si vous avez prié pour lui, l'Impératrice et l'Empereur.

NAPOLÉON III.

———

1. — Dieu lui a donné un esprit et un cœur qui sont un présent digne de sa magnificence et de son pouvoir.

2. — Il n'a pas seulement connu les priviléges de sa noblesse et de sa charge ;

3. — Il s'est encore souvenu que le ciel ne l'avait élevé au-dessus des autres que comme il a élevé le soleil au-dessus des hommes, pour être leur bienfaiteur universel.

4. — Il a compris que le cœur du dernier des hommes, lorsqu'il aime son Souverain sincèrement et sans intérêt, ne vaut pas moins que le cœur d'un roi.

5. — Il s'est assuré des volontés et a mérité d'être aimé de ceux qui lui obéissent.

6 — Il a porté sur son front le caractère d'un esprit sûr à prévoir l'issue de ses entreprises.

7. — Il n'a pas arrêté sa vue sur le visage des hommes.

8. — Il a eu des lumières qui passent au delà des yeux, et qui lui ont fait voir ce qu'il y avait de plus obscur et de mieux caché dans les cœurs.

9. — Il a su pénétrer les pensées et les desseins de la prudence politique, et découvrir les complots de l'ambition, de l'envie et de l'hypocrisie.

10. — Il a dissipé les dangers couverts sous le silence de la trahison ou de la haine.

11. — Il a choisi ce que la nature avait formé de grands esprits pour être ses ministres, ses capitaines, ses architectes, ses philosophes, ses orateurs, ses poètes, ses pontifes.

12. — Il a inspiré le souffle de son courage à la grande multitude de ses guerriers, et les a vus, durant les batailles, passer impunément au travers de toutes les fureurs de la mort, et aux cris de la victoire mêler un chant d'amour.

13. — Il a eu, comme tous les esprits sublimes, cette puissance secrète, dont celle de l'aimant n'est que l'ombre, d'élever de la terre tout ce qu'il touche, et de l'attirer à son pôle.

14. — Il a fait, à l'égard des afflictions de son peuple, ce que Salomon faisait miraculeusement à l'égard des vents orageux et contagieux ; il a su l'art de les dissiper lorsqu'elles étaient encore à venir, et celui de ramener dans son Empire la paix, l'abondance et le bonheur.

15. — Il n'aspire qu'à l'honneur suprême de pouvoir se dire : Qu'entre tous les hommes qu'il gouverne il n'en sait pas un dont les mains soient inutiles ou les mœurs dommageables à l'Empire.

16. Il peut être comparé aux meilleurs souverains des siècles passés.

17. — L'arbre de saint Louis, dont il ravive le souvenir religieux, nous promet encore des fruits de sa justice souveraine, et va répandre une ombre où désormais viendront s'abriter les innocents opprimés.

18. — Enfants, bénissez l'Empereur ! ! !

L'IMPÉRATRICE EUGÉNIE.

—

1. — Dieu lui a fait un présent semblable à celui des anges.

2. — Il sort de ses yeux un air de grandeur et de majesté qui se répand sur elle comme un vêtement, et qui donne à son visage, à ses paroles, à ses actions, une certaine grâce ou un je ne sais quoi de plus qu'humain qui ravit les cœurs et qui rend heureux ceux qui lui obéissent.

3. — Elle exerce par ses vertus un empire souverain sur tous les cœurs.

4. — Elle peut servir de modèle aux autres femmes par le sentiment divin dont son âme est remplie, la charité.

5. — Elle partage les hautes pensées de l'Empe-

reur qui ont toutes pour but le bonheur de son peuple.

6. — Les nations à venir la proclameront bienheureuse, car, pareil au lion de Juda, un héritier naîtra d'elle.

7. — Il est né, cet enfant du miracle.

8. — Sa présence est une aurore qui, en chassant les ténèbres, dissipe les orages et fait régner parmi nous une tranquillité céleste.

9. — Enfant, bénissez l'Impératrice et le Prince impérial.

DEUXIÈME PARTIE.

CHAPITRE PREMIER.

1. — Enfant, si vous voulez être un honnête homme et devenir parfait, aimez Dieu et pratiquez sa loi.

2. — Établissez votre honneur à le craindre et à lui être fidèle.

3. — Ne permettez à personne d'être plus vertueux que vous.

4. — Soyez sage, ne nuisez ni aux autres ni à vous-même.

5. — Craignez Dieu, votre maître et votre juge.

6. — Méprisez-vous vous-même et ne méprisez personne.

7. — Demandez à Dieu la sagesse et la lumière qui font voir à l'homme la beauté de la vertu.

8. — Mettez en Dieu votre espérance ; confiez vos affaires à ses soins et à sa bonté, et tenez votre cœur appuyé sur lui.

9. — Soyez humble, tranquille, obéissant et fidèle durant l'adversité.

10. — Choisissez pour votre vertu privilégiée d'être charitable envers ceux qui souffrent.

11. — A la mort, enfant, heureux qui peut se dire : Je fus ce que je devais être et je suis ce que je dois être.

CHAPITRE II.

12. — Enfant, si vous voulez être un esprit droit, connaissez les choses avant de les juger.

13. — Ne vous trompez pas vous-même.

14. — Lorsque vous parlez, ne mentez point et ne trompez pas ceux qui vous écoutent.

15. — Pensez sagement et parlez sincèrement.

16. — Connaissez les 'hommes avant de traiter avec eux.

17. — Haïssez le mensonge plus que la mort.

18. — Craignez de vous plaire, de peur de ne plaire qu'à vous.

19. — Ne laissez jamais entrer dans votre esprit que vous êtes un homme de mérite. Soyez le seul qui n'en sache rien et qui n'en dise mot.

20. — Ne cherchez pas à comprendre des mystères qui surpassent la force de votre esprit.

21. — Contentez-vous de savoir ce que Dieu commande et ce qui est nécessaire à votre salut.

22. — Apprenez ce que vous devez croire par les sentiments de Notre Sainte Mère l'Eglise.

— A la mort, enfant, heureux qui peut se dire : Je fus ce que je devais être et je suis ce que je dois être.

CHAPITRE III.

23. — Enfant, si vous voulez avoir un cœur d'or, ne faites jamais rien qui puisse blesser votre conscience ou votre réputation.

24. — Aimez l'honneur, soyez incorruptible et intrépide dans l'exercice de la vertu.

25. — Domptez vos passions, dirigez-les vers une fin honnête et louable.

26. — Fuyez à la vue des dangers qui menacent votre conscience et ne préférez jamais les intérêts de l'amour-propre ou d'une lâche passion aux devoirs de la fidélité.

27. — Marchez et allez où le devoir vous appelle.

28. — Qu'on voie une ardeur magnanime en vos actions et en vos désirs, mais jamais de précipitation ni d'emportement.

29. — Ne vous mettez pas en colère. Evitez ce désordre et cette honte.

30. — Ne soyez pas insupportable aux autres, c'est la plus cruelle des afflictions et la plus difficile à supporter.

31. — Dans l'affliction, ouvrez votre cœur à Dieu.

— A la mort, enfant, heureux qui peut se dire : Je fus ce que je devais être et je suis ce que je dois être.

CHAPITRE IV.

32. — Enfant, si vous voulez être agréable aux hommes, prenez leur cœur par des paroles qui soient l'image d'un esprit bien fait.

33. — N'oubliez pas que le bonheur de se faire bien juger dépend de la manière dont on parle.

34. — Que votre parole soit douce, discrète et éloquente.

35. — Ne raillez jamais personne et ne vous louez pas vous-même.

36. — Soyez modeste et bien appris.

37. — Fuyez ces hommes et ces femmes dont la science est de savoir tout ce qu'il y a de honteux dans la maison et dans la vie de chaque

personne, et dont l'unique occupation est d'en parler sans cesse et de le publier partout.

38. — Ne soyez pas de ces fous qui ne peuvent parler ni même souffrir qu'on leur parle d'autre chose que de leurs propres louanges.

39. — Ne vous louez jamais vous-même.

40. — Ne dites jamais rien que sagement et modestement, avec grâce et sincérité.

41. — Sachez parler en maître à un serviteur, sans le mépriser et sans dire aucun mot dont il puisse être offensé.

42. — Sachez parler en juge à un coupable et lui reprocher ses fautes avec des paroles sévères, mais sans manquer au respect que vous devez à la dignité de l'homme.

43. — Conversez pour aimer et pour être aimé.

44. — Mettez la sagesse à vos lèvres, afin qu'elle les ouvre et les ferme à son gré.

45. — Ne dites jamais rien avant d'être assuré que vous ne devrez pas vous en dédire.

46. — Parlez discrètement et agissez courageusement.

47. — Promettez moins qu'on ne vous demande et faites plus qu'on n'espère.

48. — Prévenez les demandes de votre prochain, prévenez ses désirs, prévenez vos propres paroles et rendez service avant de parler.

— A la mort, enfant, heureux qui peut se dire : Je fus ce que je devais être et je suis ce que je dois être.

CHAPITRE V.

49. — Enfant, lorsque vous aurez atteint l'âge de délibérer sur la condition où vous devrez vous établir, soyez assez éclairé pour trouver celle qui vous appartient et qui vous est propre.

50. — L'homme est sage, lorsqu'il exerce le métier qu'il a plu à la Providence et à la nature de lui assigner.

51. — Choisissez bien, regardez et considérez-vous vous-même.

52. — Pénétrez ce qu'il y a dans votre personne particulier.

53. — Tâchez d'apprendre ce que votre instinct veut de vous et où le ciel et la nature vous appellent.

54. — Si dans le monde chacun faisait son métier, que nous serions heureux !

55. — Personne ne sera sage ni habile homme, qu'en exerçant la profession qui lui appartient.

— A la mort, enfant, heureux qui peut se dire : Je fus ce que je devais être, et je suis ce que je dois être.

CHAPITRE VI.

56. — Enfant, si plus tard vous voulez être ici-bas une image de Dieu, ne vivez jamais sans amitié.

57. — Aimez votre semblable et contentez votre âme en vous joignant à lui par une confiance parfaite, sans rien avoir sur le cœur qui ne lui soit commun.

58. — Ayez beaucoup d'amis, mais n'ayez qu'un confident.

59. — Avant de vous fier à un ami, éprouvez-le.

60. — Se déclarer l'ami de quelqu'un, c'est s'obliger à n'avoir ni argent dans le temps de sa détresse, ni loisir dans le temps de ses affaires, ni sang et vie dans le temps de ses

dangers qui ne soient à lui et dont il ne puisse disposer.

61. — Quand vous avez trouvé un ami constant, regardez-le comme un autre vous-même.

62. — Faites qu'il entre chez vous avec la même liberté que chez lui.

63. — Dans les occasions d'aider vos amis, ayez toujours trois choses ouvertes : la main, le visage et le cœur.

64. — C'est faire deux fois un présent que de le faire bien vite, mais c'est le faire plus de cent fois que de le faire de bonne grâce.

65. — Qu'il ne vous arrive jamais de dire à votre ami : Retournez demain et je vous donnerai. Une grâce différée ne vaut guère mieux qu'un refus.

66. — Ne molestez pas un ami qui diffère de payer ce qu'il vous doit.

67. — Rougissez de lui rappeler sa dette, et si vous

avez un peu de courage et de générosité, rougissez de vous en souvenir en vous-même.

68. — Vous devez croire que votre argent est perdu, dès qu'il est inutile à vos amis.

69. — Quand ils viennent vous demander quelque grâce, soyez prompt à l'offrir.

70. — N'ayez d'autre déplaisir que de ne les avoir pas prévenus et de n'avoir point été assez heureux pour deviner qu'ils avaient besoin de vous.

71. — Ne craignez point d'autre danger que de délibérer trop longtemps.

— A la mort, enfant, heureux qui peut se dire : Je fus ce que je devais être et je suis ce que je dois être.

CHAPITRE VII.

72. — Enfant, si plus tard vous voulez être craint et obéi dans votre maison, ne laissez jamais votre serviteur sans emploi, car l'oisiveté est l'école de la malice.

73. — Il y a trois choses dont votre serviteur ne doit point manquer : de pain, de travail et de bons conseils.

74. — Soyez sérieux envers vos domestiques.

75. — Voyez tout dans votre maison.

76. — Faites si bien avec vos serviteurs, qu'ils soient contents quand ils entrent chez vous, fidèles et heureux quand ils y sont, riches, s'il est possible, quand ils en sortent.

— A la mort, enfant, heureux qui peut se dire : Je fus ce que je devais être et je suis ce que je dois être. .

CHAPITRE VIII.

77. — Enfant, si plus tard vous êtes appelé à gou-
verner votre famille, souvenez-vous de cette
maxime : Évitez les procès.

78. Un esprit juste et conciliant sert beaucoup à
les prévenir.

79. — Vivez dans la paix et établissez votre bonheur à faire en sorte que rien ne la trouble
et que vous ne soyez pas obligé de vous plaindre.

80. — Soumettez vos ennemis par les attraits d'un
naturel obligeant et officieux.

81. — Tâchez plutôt de n'en point avoir.

82. — Souvenez-vous que le bon Dieu ne vous a
point donné d'autres armes, ni d'autre moyen
de vaincre les hommes que l'amour de votre
prochain.

— A la mort, enfant, heureux qui peut se
dire : Je fus ce que je devais être et je suis ce
que je dois être.

CHAPITRE IX.

83. —Enfant, vous qui voulez être riche et heureux dans ce bas-monde, souvenez-vous que le plus riche trésor est la santé du corps et que la fortune la plus avantageuse où vous puissiez aspirer est la joie du cœur.

84. — Conduisez-vous donc toujours en homme d'honneur et de vertu.

85. — Vivez dans une perpétuelle égalité d'esprit, présent à vous-même, attentif à vos affaires, tranquille durant les divers mouvements de la fortune, équitable et affable envers vos servi teurs, charitable envers les pauvres, obligeant envers tout le monde.

86. — A la mort, enfant, heureux qui peut se dire: Je fus ce que je devais être, et je suis ce que je dois être.

CHAPITRE X.

87. — Enfant, il faut vous faire un fonds d'idées saines qui règlent votre conduite et forment votre jugement.

88. — Le principe de tout gouvernement est le consentement unanime du peuple ou de sa plus grande et plus forte partie.

89. — Le gouvernement établi par le choix et l'assentiment du peuple, soutenu par son intérêt, est puissant comme la nécessité.

90. — Lorsque la volonté nationale s'est évidemment manifestée dans une fédération générale, toutes les entreprises des partis sont de criminelles violations de ce pacte social.

91. — L'élection populaire et une suite de services rendus à son pays est donc la base légitime et perpétuelle de tout gouvernement.

92. — On ne gouverne pas une nation éclairée par
des demi-mesures, il faut de la force, de la
suite, de l'unité dans tous les actes publics.

93. — La France, après avoir reconquis le plus
haut période de sa gloire militaire, marche,
d'un pas assuré, vers celui de sa gloire civile.

94. — Faire marcher de front l'intérêt général et
les intérêts personnels,

95. — Répandre le bien-être sur tout un peuple
et tâcher ainsi de le rendre meilleur, voilà le
chef-d'œuvre de la politique actuelle.

96. — Enfant, il est pour vous une charte consti-
tutionnelle octroyée par Dieu lui-même, et
qui se résume en ce seul article :

« Aimez votre prochain comme vous-même,
et obéissez à l'Empereur. »

Paris —Imp. d'Emile ALLARD, r. d'Enghien, 14.